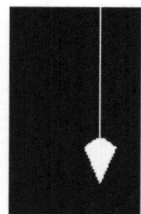

Hubert Kölsch

Lohengrin

Ein Weg zu Richard Wagners Gralsoper

Bibliographische Information der Deutschen Bibliothek: Die Deutsche Bibliothek verzeichnet diese Publikation in der Deutschen Nationalbibliographie;

detaillierte bibliographische Daten sind im Internet über http//dnb.ddb.de abrufbar.

1. Auflage Copyright © 2018 Hubert Kölsch

www.hubert-koelsch.de

Titelfoto: Richard-Wagner-Stätten Graupa

Herstellung und Verlag:

BoD – Books on Demand, Norderstedt © 2018

ISBN 9783752870107

„Am Tage, als ich 'Lohengrin' zuerst hörte,

begann ich zu leben."

Ludwig II.

für meine Eltern

Helga und Hanskarl

Inhalt

Bevor der Schwan kommt...

Liebe Leserinnen und Leser, ich freue mich, dass dieses kleine Buch über die Oper „Lohengrin" den Weg zu Ihnen gefunden hat. Sie werden Neues, Bekanntes und vielleicht Erstaunliches entdecken.

Wenn Sie das nächste Mal, im wahrsten Sinne des Wortes, das überirdische Vorspiel der Oper hören, hoffe ich, dass dieses Buch Ihnen zu einem neuen Erleben und Verstehen verholfen hat.

Zunächst erfolgt eine Beschreibung des Inhalts, dann wird detailliert auf die Handlung eingegangen und mit Textstellen verknüpft. Der Sinn ist einerseits, dass der Text beim Opernbesuch wiedererkannt wird und so gedanklich die Handlung und der Text miteinander verbunden sind. Andererseits dienen die Textstellen als Begründung für die folgenden Gedanken zur Deutung der Oper.

Der „Angelpunkt" meiner Interpretation liegt in der „Gralserzählung" des 3. Aktes (das ist der Bereich des Verstehens) und in dem Ablauf, wie Richard Wagner diese Oper komponiert hat (dies beschreibt den Bereich des Erlebens).

Meist wird bei der Darstellung von Opern von Musik, Harmonielehre und Tonarten ausgegangen. Richard Wagner hat immer zuerst den Text verfasst und dadurch den geistigen Rahmen seiner Oper definiert, um diesen später in seiner Musik umzusetzen. Daher findet sich mein Ausgangspunkt beim Text.

„Lohengrin" ist eine Gralsoper und die Geschichte vom Gral ist ein wesentlicher Bestandteil des christlichen Gedankengutes. Aus diesem Grund ist ein Exkurs „Richard Wagner und die Christus-Thematik" eingefügt, auch wenn dies über die Oper Lohengrin hinaus geht.

Möge diese Schrift dabei helfen, „Lohengrin" in den Geist unserer Zeit zu stellen.

München, 24. Juli 2018

Ein erster inhaltlicher Überblick

Bei der Beschreibung des Inhaltes geht es zunächst um die Frage, aus wessen Perspektive man diesen erzählt. Naheliegend sind dabei die Hauptpersonen, in diesem Fall wären dies zunächst einmal Lohengrin oder Elsa, aber auch die Perspektive von Friedrich von Telramund und Ortrud ist möglich.

Nun gibt es zwei Aspekte bei der Frage nach der Hauptperson: Wer hat die größte Präsenz im Stück oder anhand welcher Person entwickelt sich die Geschichte. Bei der Inhaltsbeschreibung soll letztere Perspektive eingenommen werden. Diese Person tritt erstaunlicherweise während der Oper, mit einer kurzen Ausnahme, nicht auf: Gottfried von Brabant.

Die Geschichte von Lohengrin stammt aus der Welt der Sagen und Mythen. Im Parzival Epos von Wolfram von Eschenbach findet sich eine Erwähnung und ein unbekannter Dichter schrieb um 1300 ein Werk „Lohengrin". Ansonsten ist die Quellenlage eher dünn. Vielmehr lebt sie durch die Ausgestaltung der Menschen in Erzählungen und bildlicher Darstellungen.

Die Oper ist in einem historischen Zeitrahmen (ca. 930 n. Chr.) in Brabant, nahe der Stadt Antwerpen, angesiedelt. Der historische Kontext ist erst bei der Interpretation bedeutsam. Zunächst geht es um den Inhalt, wie er sich chronologisch aus der Handlung entwickelt.

Gottfried und Elsa sind Geschwister. Bevor ihr Vater, der Herzog von Brabant, stirbt, gibt er seine Kinder in die Obhut von Friedrich Graf von Telramund. Dieser sorgt für die beiden und macht sich Hoffnung auf die Nachfolge des Herzogs von Brabant, denn Elsas Hand ist ihm versprochen, doch er wurde von ihr abgewiesen und steht jetzt zwischen Elsa und Ortrud. Schließlich verheiratete er sich mit Ortrud, aus dem Geschlecht des Friesenfürsten Radbod.

Eines Tages geht Elsa mit ihrem Bruder spazieren, und sie kehrt alleine zurück. Seitdem ist Gottfried verschwunden.

An dieser Stelle setzt die Oper ein.

1. Akt

König Heinrich kommt nach Brabant, um sein politisches und militärisches Schutzbündnis gegen die Ungarneinfälle zu erneuern. Zu diesem Anlass hält er auch Gericht und Telramund klagt Elsa des Brudermordes an. Er ist bereit, sich dem Gottesgericht auf Leben und Tod zu stellen. In diesem Kampf zwischen Telramund und einem Verteidiger von Elsa wird Gott eingreifen und dadurch zeigen, wer im Recht ist. Elsa ist alleine und hat niemanden, der sie verteidigt. Sie berichtet jedoch, dass sie im Traum einen Ritter gesehen habe, der für sie kämpfen will und den sie als Streiter benennt. Allerdings ist dieser Ritter nicht anwesend.

Das Gottesgericht wird eröffnet und es wird ausgerufen, dass derjenige, der für Elsa streiten will, sich zeigen möge. Doch zunächst geschieht nichts. Nach dem zweiten erfolglosen „Ruf" versinkt Elsa in ein verzweifeltes Gebet und plötzlich erscheint ein Nachen, von einem Schwan gezogen. Darin steht ein Ritter. Er gibt sich als Streiter für Elsa zu erkennen. Doch vorher stellt er Elsa seine Bedingung. Nie dürfe sie ihn nach seinem Namen und seiner Herkunft fragen. Elsa verspricht dies und bietet dem Ritter an, ihr Gatte zu werden. Dadurch würde er zum neuen Herzog von Brabant. Nachdem dies zwischen den beiden vereinbart ist, tritt er vor den König und erklärt Elsas Unschuld.

Die Menschen von Brabant erkennen, dass dieser Ritter von Gott gesandt ist. Es ist wahrscheinlich, dass Telramund den Kampf nicht gewinnen wird und sie raten ihm, vom Kampf zurückzutreten. Doch er bleibt bei seiner Entscheidung. Das Gottesgericht wird eröffnet und Telramund unterliegt. Nach Recht und Gesetz darf der Ritter ihn töten. Stattdessen schenkt er ihm das Leben, damit er es durch Reue zum Guten wenden möge.

Telramund ist aus der Gesellschaft verstoßen. Der Akt endet mit großem Jubel. König, Edle und Volk feiern den von Gott gesandeten Retter von Elsa.

2. Akt

Es ist Nacht. Ortrud und Telramund befinden sich vor dem herzoglichen Palast, in dessen Gemächern noch gefeiert wird. Telramund hat durch die Niederlage seine Ehre als Mitglied der Gesellschaft verloren. Doch in Wahrheit hat ihn seine eigene Gattin Ortrud dazu benutzt, die Klage zu erheben, weil sie durch ihre Intrige hofft, an die Macht im Herzogtum zu gelangen. Telramund hat die Vorwürfe gegenüber Elsa nur erhoben, weil Ortrud diese behauptet und ihn zur Klage angestachelt hat. Ortrud will ihre Intrige weitertreiben, denn sie hat erkannt, wie sie Elsa schaden kann: indem sie Zweifel in ihr sät, dass sie die verbotene Frage nach der Herkunft stellt. Dies will sie durch ihre dunklen Kräfte als Magierin erreichen. Telramunds Interesse ist, dass er sich rehabilitieren kann, doch das kann nur gelingen, wenn der Ritter des Betruges überführt wird.

Ortrud behauptet, dass sie den Ritter besiegen kann, wenn sie ein Glied seines Fingers hätte und beginnt Telramund darauf einzuschwören, dass er ihn verletzen soll. Gleichzeitig stachelt sie Telramund an, dass er sich seine Ehre zurückholen kann, indem er den Ritter des betrügerischen Zaubers bezichtigt. Mit einem kraftvollen Fluch beginnt sie ihren

Racheplan. Telramund erkennt das nahende Unheil, doch verfügt er nicht über die Kraft, sich von Ortrud zu lösen und kann so, durch den Drang, seine Ehre wiederherzustellen, von ihr benutzt werden.

Elsa, beglückt durch das Erscheinen ihres Retters, genießt die laue Nacht und sinnt über ihre Liebe zu dem Ritter nach. Ortrud nähert sich ihr und beginnt ein Gespräch. Sie versucht das Mitleid von Elsa zu gewinnen, was ihr leicht gelingt. Geschickt und hinterhältig erschleicht sich Ortrud ihr Vertrauen und beginnt Zweifel in Elsa zu säen.

Es wird Tag und der Heerrufer des Königs verkündet, dass Graf Telramund in Bann und Acht geschlagen wurde. Er darf sich nicht mehr zeigen und wer ihm begegnet, kann ihn töten. Außerdem werde die Hochzeit von Elsa und ihrem Ritter vorbereitet.

Telramund wird von Vertrauten ("Vier Edle") gewarnt, dass er sich nicht öffentlich zeigen darf, doch er weigert sich zu fliehen.

Elsa erscheint im Brautgewand auf dem Weg zum Münster, als sich Ortrud ihr in den Weg stellt und sie anklagt, der Kampf sei mit unrechten Mitteln abgelaufen, da sich ihr Ritter weigert, seinen Namen preiszugeben. Elsa verteidigt ihren Retter, doch Ortrud setzt Elsa immer mehr unter Druck. Der König erscheint, gefolgt von dem Ritter und dieser weist Ortrud in ihre Schranken. Er fragt Elsa, ob sie an ihm zweifelt. Noch kann sie widerstehen.

Volk und König versammeln sich vor dem Münster zur Hochzeit. Plötzlich bricht Telramund in die Menge ein und fordert den Ritter auf, Name und Herkunft zu nennen. Wenn er sich weigere, sei dies der Beweis für seinen Betrug. Der Ritter erklärt jedoch, dass er niemandem außer Elsa Rechenschaft schuldig ist. Nur sie kann die Frage an ihn stellen. Elsa lehnt dies ab. Dann ziehen Lohengrin und Elsa zur Hochzeit in das Münster ein.

3. Akt

Im Brautgemach. Die beiden sind zum ersten Mal allein und der Ritter möchte die Zweisamkeit mit Elsa genießen. Sie beginnt ein Gespräch, das sich immer mehr in die Richtung entwickeln wird, die Frage nach der Herkunft zu stellen. Der Ritter durchschaut dies und versucht Elsas Gedanken in eine andere Richtung zu lenken. Doch das Gift des Zweifels, das Ortrud in sie gesät hat, entfaltet seine zerstörerische Wirkung. Schließlich stellt Elsa die Frage nach Name, Herkunft und Art.

In diesem Moment dringt Telramund in das Brautgemach ein und der Ritter tötet ihn. Dann befiehlt er, den Leichnam vor den König zu bringen, dort werde er Antwort auf die Frage nach seiner Herkunft geben.

Vor dem König berichtet er, was sich ereignet hat und warum er Telramund töten musste. In der „Gralserzählung" enthüllt er, dass er als Gralsritter zum Schutz und zur Verteidigung von Elsa entsandt wurde. Er ist der Sohn des Gralskönigs Parsifal, sein Name ist Lohengrin.

Da Elsa die Frage nach der Herkunft gestellt hat, muss Lohengrin sie verlassen. Der Schwan kehrt zurück und Lohengrin wird mit ihm ziehen. Nur ein Jahr hätte er mit Elsa leben müssen, dann wäre Gottfried, ihr Bruder, zurückgekehrt. Ortrud wähnt sich ihres Sieges sicher und enthüllt, dass der

Schwan, der von ihr verzauberte Bruder ist. Sie hat ihn bereits bei seiner Ankunft an dem goldenen Kettchen, das der Schwan trägt, erkannt.

Großes Entsetzen macht sich breit. Lohengrin versinkt im Gebet, Gottfried wird erlöst und Lohengrin benennt den Knaben als zukünftigen Führer von Brabant.

Noch sind alle von den tragischen Ereignissen getroffen. Doch am Ende der Oper wendet sich die Musik in Dur und wandelt die Situation. Jetzt besteht die Hoffnung auf positive gesellschaftliche Entwicklungen, die durch die Rückkehr Gottfrieds möglich sind.

Der Handlungsverlauf

Die Beschreibung des Handlungsverlaufes basiert auf dem inhaltlichen Überblick und wird jetzt durch Textstellen erweitert. Die Zitate entstammen der Reclam Ausgabe des Textbuches. Einzelne Worte oder Formulierungen können von dem heute gesungenen Text geringfügig abweichen oder gestrichen sein.

Die Oper beginnt mit der Ankunft des deutschen Königs Heinrich I. in Brabant. Jedoch ist das Herzogtum Brabant zerstritten und hat keinen Fürsten als Führung. Ohne ein geeintes Brabant kann Heinrich kein Militärbündnis schmieden und er ruft Friedrich Graf von Telramund zur Erklärung.

Wie muss mit Schmerz und Klagen ich ersehn,
dass ohne Fürsten ihr in Zwietracht lebt!
Verwirrung, wilde Fehde wird mir kund; -
drum frag' ich dich, Friedrich von Telramund:
ich kenne dich als aller Tugend Preis,
jetzt rede, dass der Drangsal Grund ich weiß.

Telramund berichtet, dass er von dem sterbenden Herzog von Brabant als Vormund für die Kinder Elsa und Gottfried eingesetzt wurde.

Zum Sterben kam der Herzog von Brabant,

und meinem Schutz empfahl er seine Kinder,

Elsa, die Jungfrau, und Gottfried den Knaben.

Eines Tages gingen Elsa und Gottfried im Wald spazieren und Elsa kehrte alleine zurück. Telramund setzte Elsa unter Druck, wo Gottfried sei und Elsa hat, nach Aussage von Telramund, ihre Schuld am Verschwinden des Bruders eingestanden.

Fruchtlos war all Bemühn um den Verlorenen;

als ich mit Drohen nun in Elsa drang,

da ließ in bleichem Zagen und Erbeben

der grässlichen Schuld Bekenntnis sie uns sehn.

Das Verhältnis und die Gefühle von Telramund zu Elsa sind ambivalent.

dem Recht auf ihre Hand, vom Vater mir

verliehn, entsagt´ ich willig da und gern, -

und nahm ein Weib, das meinem Sinn gefiel,

Ortrud, Radbods des Friesenfürsten Spross.

Telramund klagt Elsa des Brudermordes an und erhebt gleichzeitig Anspruch auf das Land Brabant. Dies begründet er damit, dass er durch die Vormundschaft über Elsa und Gottfried der nächste in der Linie des Herzogs von Brabant sei und Radbod, das Geschlecht seiner Frau Ortrud, in früheren Zeiten Fürsten des Landes waren.

Nun führ´ ich Klage gegen Elsa von
Brabant: des Brudermordes zeih´ ich sie.
Dies Land doch sprech´ ich für mich an mit Recht,
da ich der Nächste von des Herzogs Blut,
mein Weib jedoch aus dem Geschlecht, das einst
auch diesem Lande seine Fürsten gab. –
Du hörst die Klage! König, richte recht!

Telramund bezichtigt Elsa einer geheimen Liebschaft. Um Herrin von Brabant werden zu können, hätte sie aber erst ihren Bruder aus dem Weg schaffen müssen. Gleichzeitig offenbart Telramund, dass Elsa seine Hand zurückgewiesen habe.

O Herr, traumselig ist die eitle Magd,
die meine Hand voll Hochmut von sich stieß.

Geheimer Buhlschaft klag´ ich sie drum an:

sie wähnte wohl, wenn sie des Bruders ledig,

dann könnte sie als Herrin von Brabant

mit Recht dem Lehnsmann ihre Hand verwehren,

und offen des geheimen Buhlen pflegen.

Nach dieser Anklage eröffnet der König das Gottesgericht in dem die Wahrheit durch das Eingreifen der höheren Macht Gottes erkennbar wird. Er lässt Elsa rufen und diese erscheint in einem nach innen gekehrten Zustand, erweckt jedoch bei den Anwesenden einen ehrwürdigen Eindruck.

Auf die Fragen des Königs schweigt sie. Nach dem Verschwinden von Gottfried ist sich Elsa ihrer prekären Lage bewusst. Zum einen schmerzt sie das Verschwinden ihres Bruders, vielleicht weiß sie sogar, was mit ihm geschehen ist („Mein armer Bruder!"). Doch weiß sie auch, dass sie für das Verschwinden verantwortlich gemacht wird. Da sie Waise ist und der eigene Vormund sie verklagt, hat sie niemanden, der für sie eintreten kann. Aus dieser Situation heraus schickte sie im Gebet einen klagenden Hilferuf.

Einsam in trüben Tagen

hab´ ich zu Gott gefleht,

des Herzens tiefstes Klagen

ergoss ich in Gebet.

Da drang aus meinem Stöhnen

ein Laut so klagevoll,

der zu gewalt´gem Tönen

weit in die Lüfte schwoll:

ich hört´ ihn fern hin hallen,

bis kaum mein Ohr er traf;

mein Aug´ ist zugefallen,

ich sank in süßen Schlaf. -

Der Hilferuf wurde erhört und beantwortet: sie sah einen Ritter, der sich ihr nahen und sie im Gottesgericht verteidigen wird.

In lichter Waffen Scheine

Ein Ritter nahte da,

so tugendlicher Reine

ich keinen noch ersah.

Ein golden Horn zur Hüften,

gelehnet auf sein Schwert,

so trat er aus den Lüften

zu mir, der Recke wert.

Mit züchtigem Gebaren
gab Tröstung er mir ein:
des Ritters will ich wahren,
er soll mein Streiter sein!

König und Volk sind beeindruckt von der Reinheit Elsas. Eine Schuld scheint nicht denkbar. Doch Telramund hält seine Klage aufrecht. Er hofft, dass der Liebhaber („Buhle"), den er Elsa unterstellt, sich zeigen wird und er ihn im Kampf töten kann, um Elsas Schuld zu beweisen.

Elsa bejaht das Gottesgericht auf Leben und Tod und der König fragt sie

Wen kiesest du zum Streiter?

An dieser Stelle wirft Telramund ein

Vernehmet jetzt
den Namen ihres Buhlen!

Elsa jedoch erzählt weiter von ihrer Traumvision des Ritters, der sie verteidigen wird.

Des Ritters will ich wahren
er soll mein Streiter sein! –
Hört, was ich dem Gottgesandten

ich biete für Gewähr:

in meines Vaters Landen

die Krone trage er;

mich glücklich soll ich preisen,

nimmt er mein Gut dahin, -

will er Gemahl mich heißen,

geb´ ich ihm was ich bin!

Jetzt scheint Telramund mit seiner Klage und dem Vorwurf eines „Buhlen" Recht zu behalten. Elsa bietet dem unbekannten Ritter die Ehe und das Herzogtum von Brabant an. Dies ist erst durch das Verschwinden ihres Bruders Gottfried, dem legitimen Nachfolger, möglich geworden. Elsas Verhalten und ihre Aussagen machen sie schuldig, denn sie verhält sich genauso, wie es ihr vorgeworfen wird.

Der König ordnet das Gottesgericht an und der Heerrufer lässt den Streiter für Elsa ausrufen:

Wer hier im Gotteskampf zu streiten kam
für Elsa von Brabant, der trete vor!

Der Ruf verhallt ungehört, niemand zeigt sich. Elsa bittet den König um einen zweiten Ruf, doch auch dieser bleibt ohne Reaktion. Nach dem Verständnis des Gottesgerichtes ist Elsa schuldig, wenn niemand erscheint, der für sie eintritt. In diesem Fall würde Gott durch Schweigen Recht sprechen.

In düstrem Schweigen richtet Gott.

Elsa sinkt auf die Knie und betet voller Vertrauen und Hingabe zu Gott, in der Hoffnung, dass sie ihren Streiter in letzter Minute herbeirufen kann.

Du trugst zu ihm meine Klage,
zu mir trat er auf dein Gebot;
o Herr, nun meinem Ritter sage,
dass er mir helf' in meiner Not!
Lass mich ihn sehn wie ich ihn sah,
wie ich ihn sah sei er mir nah!

In Märchen und Sagen gilt an solch einer Stelle die Dreizahl. Demnach müsste der Heerrufer drei Mal den Streiter für Elsa ausrufen, es geschieht aber nur zwei Mal. Elsa jedoch ruft ihren Ritter aus ihrem traumhaften Zustand heraus drei Mal. Dies zeigt, dass der Ritter nicht aus der weltlichen Perspektive, sondern nur aus der geistigen herbeigerufen werden kann. Deswegen wird er als von Gott gesandt erkannt. Auf dem Fluss erscheint ein Nachen in dem ein Ritter steht. Der Nachen ist mit einer goldenen Kette mit einem Schwan verbunden, der den Nachen zieht.

Seht! seht! welch seltsam Wunder! Wie? Ein Schwan,

ein Schwan zieht einen Nachen dort heran! -

Ein Ritter drin hoch aufgerichtet steht; -

wie glänzt sein Waffenschmuck! Das Aug´ vergeht

vor solchem Licht! – Seht! näher kommt er an!

An einer goldnen Kette zieht der Schwan.

Das Volk begrüßt den Ritter als „gottgesandten Held" und schnell wird klar, dass hier eine außergewöhnliche Person in das Gottesgericht eingreifen wird. Der Ritter verabschiedet den Schwan, und schickt ihn zurück.

Nun sei bedankt, mein lieber Schwan!

Zieh durch die weite Flut zurück

dahin, woher mich trug dein Kahn,

kehr wieder nur zu unserem Glück!

Drum sei getreu dein Dienst getan!

Leb wohl, leb wohl, mein lieber Schwan!

Der Ritter begrüßt den König, der ihn als von Gott gesandt erkennt und sagt, er sei gekommen, um „zum Kampf für eine Magd zu stehen". Dann wendet er sich Elsa zu und beschreibt ihr die Bedingungen, wenn er als Streiter für sie eintreten soll. Er fragt, ob Elsa ihm vertraue und ob er im Falle des Sieges ihr Gatte werde. Beides bejaht Elsa voller Hingabe. Nun stellt Lohengrin eine letzte Bedingung: Nie darf sie ihn nach seinem Namen und seiner Herkunft fragen.

Nie sollst Du mich befragen
Noch Wissens Sorge tragen,
woher ich kam der Fahrt,
noch wie mein Nam´ und Art!

Elas verspricht dies, doch der Ritter fragt noch ein zweites Mal eindringlich, ob sie die Bedingungen verstanden habe. Erneut bejaht Elsa und Lohengrin beschließt den Bund mit seinem Liebesbekenntnis

Elsa, ich liebe dich!

Nun tritt Lohengrin in das Gottesgericht ein und spricht Elsa frei von Schuld.

Nun hört! Euch Volk und Edlen mach´ ich kund:

frei aller Schuld ist Elsa von Brabant.

Dass falsch dein Klagen, Graf von Telramund,

durch Gottes Urteil werd´ es dir bekannt!

Volk und Edlen von Brabant ist seit der Ankunft des Ritters und durch das Gespräch zwischen ihm und Elsa deutlich geworden, dass ein Gottesgericht für Telramund aussichtslos ist. Dennoch beharrt er darauf.

Das Gottesgericht beginnt und der Ritter siegt. Nach Recht und Gesetz hat er die Möglichkeit, Telramund zu töten, doch er schenkt ihm das Leben.

Durch Gottes Sieg ist jetzt dein Leben mein: -

ich schenk´ es dir! mögst du der Reu´ es weihn!

Es herrscht große Freude, dass dieser gottgesandte Held das zerstrittene Brabant in Frieden einen wird. Ortrud, die bisher während der Handlung nur stille Beobachterin war, fragt sich wer der Unbekannte ist, der Telramund besiegt hat.

Wer ist´s, der ihn geschlagen,

durch den ich machtlos bin?

Sollt´ ich vor ihm verzagen,

wär´ all mein Hoffen hin?

Offensichtlich hat Ortrud machtvoll die Fäden gezogen und doch wurden ihre Bestrebungen durch das Erscheinen des Ritters vereitelt. Wenn sie nun wegen ihm aufgibt („verzagen"), hat sie keine Möglichkeiten mehr, ihre Pläne („Hoffen") zu verwirklichen.

Der zweite Akt beginnt mit düsterer Musik und spielt zunächst nachts vor den erleuchteten Fenstern der Gemächer des Palastes, in denen das Erscheinen des Ritters und die baldige Hochzeit gefeiert werden. Ortrud und Telramund befinden sich außerhalb. Telramund möchte fliehen.

Erhebe Dich, Genossin meiner Schmach!
Der junge Tag darf hier uns nicht mehr sehn.

Doch Ortrud weigert sich. Sie kann den Ort nicht verlassen, denn sie sinnt auf Rache und die Umsetzung ihres Plans.

Ich kann nicht fort: hierher bin ich gebannt.
Aus diesem Glanz des Festes unserer Feinde
lass saugen mich ein furchtbar tödlich Gift,
das unsere Schmach und ihre Freuden ende!

31

Telramund erkennt, dass Ortrud ihn manipuliert und für ihren Plan benutzt hat. Ortruds Aussage, Elsa habe ihren Bruder getötet, war erlogen und Telramund hat sich durch Ortruds Intrige verführen lassen, denn sie will, dass Radbods Fürstenstamm wieder in Brabant herrscht.

Telramund glaubt an die Kraft des Gottesgerichtes, doch Ortrud verspottet Gott und nennt Telramund feig und schwach. Langsam beginnt sie ihn wieder auf ihre Seite zu ziehen. Wenn Telramund wisse, wer der unbekannte Ritter ist, könne er seine Ehre wiedererlangen. Telramund, verblendet durch den Verlust seiner Ehre, lässt sich auf Ortruds Pläne ein.

Erneut beginnt sie, den Gatten Telramund für ihren Plan zu benutzen. Sie möchte, dass er den Ritter öffentlich angreift, um die Frage nach der Herkunft zu provozieren, während sie Elsas Vertrauen durch ihre Kräfte als Zauberin zerstören will. Telramund durchschaut dies, aber er hat nicht die Kraft zu widerstehen.

Du wilde Seherin! Wie willst Du doch
geheimnisvoll den Geist mir neu berücken?

Ortrud schwört Telramund darauf ein, dass es gelingen muss, die Frage nach der Herkunft zu stellen.

So gält´ es, Elsa zu verleiten,
dass sie die Frag` ihm nicht erließ`?

Sonst bleibt noch das Mittel der Gewalt und nun zeigt sich, dass Ortrud über dunkle, magische Kräfte verfügt.

Umsonst nicht bin ich in
geheimsten Künsten tief erfahren;
drum achte wohl, was ich dir sage!
Jed` Wesen, das durch Zauber stark,
wird ihm des Leibes kleinstes Glied
entrissen nur, muss sich alsbald
ohnmächtig zeigen, wie es ist.

Ortrud geht davon aus, dass der Ritter über Zauberkräfte verfügt, die sie durch Magie bannen kann, wenn es gelingt, ein kleinstes Teil seines Körpers in ihre Gewalt zu bekommen.

Ortrud hat Telramund wieder in ihrer Macht und gemeinsam schwören sie Rache:

Der Rache Werk sei nun beschworen

aus meines Busens wilder Nacht.

Die ihr in süßem Schlaf verloren,

wisst, dass für euch das Unheil wacht.

Fassen wir an dieser Stelle noch einmal zusammen: Ortrud kennt die Herkunft des Ritters nicht. Sie glaubt, dass er mit Zauberkräften ausgestattet ist, die sie ihm mit magischen Kräften nehmen kann. Elsas Vertrauen wird nun von zwei Seiten angegriffen: Telramund soll zur Widerherstellung seiner Ehre Elsa öffentlich zur Frage auffordern, während Ortrud Elsas Vertrauen auf der seelischen Ebene zerstören will. Gleichzeitig soll dem Ritter ein Glied seines Fingers abgehackt werden, damit Ortrud seinen Zauber brechen kann.

Hat Elsa überhaupt eine Chance zu widerstehen?

Nun tritt Elsa aus dem Palast ins Freie und drückt ihre Dankbarkeit für die Ereignisse des Tages aus.

Ortrud beginnt ihr heimtückisches Werk. Sie befiehlt Telramund sich zu entfernen, denn sie ist sehr klar in ihren Racheplänen.

Sie ist für mich, - ihr Held gehöre dir!

Ortrud beginnt nun geschickt ein verhängnisvolles Gespräch, um Mitleid in Elsa zu wecken. Sie beklagt, dass ihr Stamm untergegangen sei und Elsa das Glück mit ihr teilen soll. Ahnungslos lädt sie Ortrud in ihre Kammer ein.

Bevor Ortrud eintritt, zeigt sie ihr wahres Gesicht:

Entweihte Götter! Helft jetzt meiner Rache!

Bestraft die Schmach, die hier euch angetan!

Stärkt mich im Dienste eurer heiligen Sache,

vernichtet der Abtrünnigen schnöden Wahn!

Wodan! Dich Starken rufe ich!

Freia! Erhabne, höre mich!

Segnet mir Trug und Heuchelei,

dass glücklich meine Rache sei!

Wer seine höchsten Götter anruft, um sich von ihnen „Trug und Heuchelei" segnen zu lassen, pervertiert jede göttliche Kraft und arbeitet mit schwarzer Magie

Elsa hat Ortrud Tür und Herz geöffnet und versucht sich mit ihr zu versöhnen…

Trugst Du mir Hass, verzeih ich dir;

was du schon jetzt durch mich gelitten,

das, bitt´ ich dich, verzeih auch mir!

…und geht noch weiter, indem sie ihren Ritter bitten will, Telramund zu begnadigen.

Der morgen nun mein Gatte heißt,
an fleh´ ich sein liebreich Gemüte,
dass Friedrich auch er Gnad´ erweist.

Ortrud bietet als Dank für die erwiesene Gunst Elsa an, für sie in die Zukunft zu schauen, um sie vor einem Unheil zu warnen. Sie deutet an, dass der Ritter durch Zauber kam und dieser ihr Unheil sei. Doch Elsa widersteht.

Du Ärmste kannst wohl nie ermessen,
wie zweifellos mein Herze liebt!
Du hast wohl nie das Glück besessen,
das sich uns nur durch Glauben gibt!

Telramund, der alles von der Ferne beobachtet, erkennt bereits, dass Elsa langfristig Ortrud nicht standhalten kann.

So zieht das Unheil in dies Haus! -
Vollführe Weib, was deine List ersonnen;
dein Werk zu hemmen fühl´ ich keine Macht.

Telramund ist verblendet und gezwungen, das teuflische Spiel mitzuspielen. Er beschuldigt Elsa für seinen Fall, die nun dafür ihrerseits fallen soll. In diesem Moment ist die Macht Ortruds über ihn so stark, dass er nicht mehr erkennen kann, dass Ortrud für sein Unglück verantwortlich ist.

Das Unheil hat mit meinem Fall begonnen, -
Nun stürzet nach, die mich dahin gebracht!
Nur eines seh´ ich mahnend vor mir stehn:
der Räuber meiner Ehre soll vergehn!

Nun beginnt der neue Tag, eingeleitet durch eine wundervolle Übergangsmusik. Dies symbolisiert das Anbrechen einer anderen Zeit, die mit der Hochzeit von Elsa und dem Ritter beginnen soll.

Der Heerrufer verkündet zwei Entscheidungen des Königs:

In Bann und Acht ist Friedrich Telramund,
weil untreu er den Gotteskampf gewagt: (…)
Und weiter kündet euch der König an,
dass er den fremden gottgesandten Mann,
den Elsa zum Gemahle sich ersehnt,
mit Land und Krone von Brabant belehnt.

Auch der gottgesandte Ritter hat Entscheidungen getroffen, die ebenfalls durch den Heerrufer verkündet werden:

Doch will der Held nicht Herzog sein genannt,
ihr sollt ihn heißen Schützer von Brabant! (...)
Nun hört, was er durch mich Euch künden lässt!
Heut feiert er mit euch sein Hochzeitsfest;
doch morgen sollt ihr kampfgerüstet nahn,
zur Heerfolg´ dem König untertan.
Er selbst verschmäht der süßen Ruh´ zu pflegen,
er führt euch an zu hehren Ruhmes Segen!

Vordergründig bedeutet dies, dass der Ritter als neuer Herrscher von Brabant unverzüglich nach der Hochzeit gemeinsam mit dem König in den Kampf ziehen wird. Hier wird deutlich, dass die Aufgabe des unbekannten Helden eine geistige Mission ist, ihn interessiert nicht der Titel, sondern die Tat, denn er möchte Brabant als Ort schützen. Auch die Ansage, in den Kampf zu ziehen, bedeutet nicht das zu vermutende Kriegsgetön. Er möchte die Menschen zu „hehren Ruhmes Segen" führen. Es handelt sich um einen geistigen Kampf, in den der Ritter mit Brabant ziehen will.

Doch es gibt Widerstand und Zweifel. „Vier Edle" fragen sich, welchen Feind der Ritter bekämpfen will, und wer ihn daran hindern könnte. In diesem Moment erscheint Telramund, der den Vier Edlen erklärt, dass er den Helden erneut herausfordern will.

Der euch so kühn die Heerfahrt angesagt,
der sei von mir des Gottestrugs beklagt!

Doch zunächst tritt dies alles in den Hintergrund, denn Elsa ist auf dem Weg zum Münster zur Hochzeit. Da stellt sich Ortrud ihr in den Weg und greift sie öffentlich an.

Zurück, Elsa! Nicht länger will ich dulden,
dass ich gleich einer Magd dir folgen soll!
Den Vortritt sollst du überall mir schulden,
vor mir dich beugen sollst du demutvoll.

Ortrud versucht, sich Elsa durch Drohungen zu unterwerfen. Gezielt setzt sie ihre Stiche und greift das Frageverbot öffentlich an. Dies erhöht den Druck auf Elsa.

Der deine, sag wer sollte hier ihn kennen,
vermagst du selbst den Namen nicht zu nennen?

Das Böse in Ortrud entfaltet sich immer mehr und ihre dunkle Macht treibt Elsa in die Enge.

Kannst du ihn nennen? Kannst du es sagen,

ob sein Geschlecht, sein Adel wohl bewährt?

Woher die Fluten ihn zu dir getragen,

wann und wohin er wieder von dir fährt?

Ha, nein! Wohl brächte ihm es schlimme Not;

Der kluge Held die Frage drum verbot!

Elsa verteidigt sich mutig, doch Ortrud greift die „Reinheit" von Elsas Retter an.

„Wagst du ihn nicht darum zu fragen,

so glauben alle wir mit Recht,

du müsstest selbst in Sorge zagen,

um seine Reine steh´ es schlecht!"

Die Situation spitzt sich zu. Der König tritt auf, gefolgt von dem „Schützer von Brabant". Doch Ortrud hat ihr Ziel erreicht, einen öffentlichen Skandal zu provozieren.

Der gottgesandte Ritter klärt die Situation mit seiner Autorität, der sich im Moment auch Ortrud beugen muss. Sie weicht zurück.

Du fürchterliches Weib! Steh ab von ihr!

Hier wird dir nimmer Sieg! -

Dann wendet er sich sorgenvoll an Elsa.

Sag, Elsa, mir!

Vermocht´ ihr Gift sie in dein Herz zu gießen?

Elsa antwortet nicht.

Der Ritter versucht den Kirchgang fortzusetzen, doch plötzlich tritt Telramund auf und beschuldigt ihn des Betruges und der Zauberei beim Gottesgericht.

Hört mich, dem grimmes Unrecht ihr getan!

Gottes Gericht, es ward entehrt, betrogen,

durch eines Zauberers List seid ihr belogen!

Es folgt ein emotionaler Ausbruch von Telramund. Die Überzeugung, die Ortrud in ihm eingepflanzt hat, er sei durch Zauber betrogen, treibt ihn zur Besessenheit, seine Ehre wiederherzustellen und so stellt er die Frage nach der Herkunft, denn nur so könne bewiesen werden, ob Betrug und Zauber im Spiel sind.

Die Frage nun sollt ihr nicht wehren,

dass sie ihm jetzt von mir gestellt: -
nach Namen, Heimat, Stand und Ehren
frag´ ich ihn laut vor aller Welt.

Der Ritter nimmt die Herausforderung an.

Nur Eine ist´s – der muss ich Antwort geben:
Elsa.

In diesem Moment erkennt er, dass das Gift von Ortrud und der öffentliche Druck Elsa bereits erreicht haben und er ahnt, dass sie in ihrer inneren Festigkeit schwankt.

Elsa! – Wie seh` ich sie erbeben! -
In wildem Brüten muss ich sie gewahren!

Er betet für Elsa:

O Himmel! Schirme sie vor den Gefahren!
Nie werde Zweifel dieser Reinen kund!

Auch Ortrud und Telramund erkennen, dass die Verführung mit der Kraft dunkler Mächte wirkt.

In wildem Brüten darf ich sie gewahren,
der Zweifel keimt in ihres Herzens Grund; -

Die Situation scheint sich zu entspannen. Der Ritter bittet die Anwesenden, ihm zu vertrauen:

Euch Helden soll der Glaube nimmer reuen,

werd´ euch mein Nam´ und Art auch nie genannt!

Bevor der Kirchgang fortgesetzt werden kann, schleicht sich Telramund an Elsa heran und bietet ihr seine Hilfe an, Gewissheit zu bekommen.

Lass mich das kleinste Glied ihm nur entreißen,

des Fingers Spitze, und ich schwöre dir,

was er dir hehlt, sollst frei du vor dir sehen, -

dir treu, soll nie er dir von hinnen gehn.

Noch einmal schreitet der Ritter ein…

Elsa, mit wem verkehrst du da?

…und verweist Telramund und Ortrud erneut in die Schranken.

Zurück von ihr, Verfluchte!

Dass nie mein Auge je

Euch wieder bei ihr seh´!

Nun richtet er einen dringenden Appell an Elsa:

Elsa, erhebe dich! – In deiner Hand,

in deiner Treu` liegt alles Glückes Pfand. -

Dies ist ein Appell an das Seelenleben von Elsa. Es geht nicht darum, sich physisch zu erheben, sondern über die Macht der dunklen Kräfte, denn davon hängt beider Glück ab.

Lässt nicht des Zweifels Macht dich ruhn?
Willst du die Frage an mich tun?

Erst jetzt antwortet Elsa.

Mein Retter, der mir Heil gebracht!
Mein Held, in dem ich muss vergehn!
Hoch über alles Zweifels Macht
…soll meine Liebe stehn!

Noch widersteht Elsa.

Heil dir, Elsa! Nun lass vor Gott uns gehn!

Mit diesem letzten Satz und dem Willen „vor Gott zu gehn" hat der Ritter Elsa erneut aus Ortruds Macht befreit.

Die dunklen Mächte haben nicht gesiegt, sie sind nur zurückgedrängt worden. Doch das dunkle Werk wirkt weiter in Elsas Seele.

Der dritte Akt beginnt mit einem furiosen Vorspiel und kündigt an, dass die Welt in Brabant aus den Fugen geraten ist. Auch wenn das Brautlied, das Elsa und ihren Ritter ins Brautgemach geleitet, eine heile Welt symbolisiert, wirkt das schleichende Gift des Bösen. Der Ritter versucht, mit Elsa den Moment des gemeinsamen Glücks zu erleben.

Das süße Lied verhallt, wir sind allein,
zum ersten Mal allein, seit wir uns sahn;
nun sollen wir der Welt entronnen sein,
kein Lauscher darf des Herzens Grüßen nahn. -
Elsa, mein Weib! Du süße Braut!
Ob glücklich du, das sei mir nun vertraut!

Noch einmal beschwört Elsa den Moment, als sie das Erscheinen des Ritters vor ihrem geistigen Auge ahnungsvoll gesehen hat und er in höchster Not erschienen ist. Doch sofort versucht sie, sich an die Frage nach der Herkunft heranzutasten.

Ist dies nun Liebe? – Wie soll ich es nennen,
dies Wort, so unaussprechlich wonnevoll,
wie, ach! – dein Name, den ich nie darf kennen,
bei dem ich nie mein Höchstes nennen soll.

Der Ritter will Elsa sanft daran hindern, weiter zu fragen, doch sie ist wie besessen und beginnt erneut.

Wie süß dein Name meinem Mund entgleitet!
Gönnst du es deinem holden Klang mir nicht?
Nur, wenn zur Liebesstille wir geleitet,
sollst du gestatten, dass mein Mund ihn spricht.

Der Ritter erkennt, dass Elsa nicht von ihrem Drängen abgehen will und bittet sie, zu schweigen, doch Elsa fordert ihn stattdessen auf, seine Herkunft zu enthüllen.

Oh mach mich stolz durch dein Vertrauen,
dass ich in Unwert nicht vergeh`!
Lass dein Geheimnis mich erschauen,
dass, wer du bist, ich offen seh`!

In höchster Not bittet der Ritter Elsa zu schweigen, doch sie steigert sich zwanghaft in ihre Vorstellung, den Namen erfahren zu müssen.

Meiner Treue
enthülle deines Adels Wert!
Woher du kamst, sag ohne Reue: -
durch mich sei Schweigens Kraft bewährt!

Der Ritter wird sehr ernst und erinnert Elsa an ihr Versprechen, nie die Frage nach seiner Herkunft an ihn zu richten. Elsa ahnt jedoch die besondere Herkunft des Ritters. Er versucht, ihr Einblick in seine Herkunft zu geben, in der Hoffnung, dass sie dadurch vom Fragen ablässt.

Dein Lieben muss mir hoch entgelten

für das, was ich um dich verließ;

Kein Los in Gottes weiten Welten

wohl edler als das meine hieß`.

Böt´ mir der König seine Krone,

ich dürfte sie mit Recht verschmähn:

das einz´ge was mein Opfer lohne,

muss ich in deiner Lieb´ ersehn!

Drum wolle stets den Zweifel meiden,

dein Lieben sei mein stolz Gewähr;

denn nicht komm´ ich aus Nacht und Leiden,

aus Glanz und Wonne komm´ ich her.

Doch der Versuch, Elsa zu beruhigen scheitert, er bewirkt sogar das Gegenteil.

Das Los, dem du entronnen,

es war dein höchstes Glück:

du kamst zu mir aus Wonnen,

und sehnest dich zurück!

Jetzt spitzen sich die Ereignisse zu. Elsa steigert sich immer mehr in ihre Wahnvorstellung.

Ach! Dich an mich zu binden,
wie sollt´ ich mächtig sein?
Voll Zauber ist dein Wesen,
durch Wunder kamst du her: -
wie sollt´ ich da genesen?
wo fänd´ ich dein´ Gewähr?

Elsa ein Geräusch wahr. Der intime Moment der Hochzeitsnacht wird gestört, während im Inneren Elsas der Zweifel tobt. Der Ritter versucht zu verhindern, dass sie die Frage stellt.

Unselig holder Mann,
hör, was ich dich muss fragen!
Den Namen sag mir an!
    Halt ein!
Woher die Fahrt?
    Weh Dir!
Wie deine Art?
    Weh uns, was tatest du!

In dem Moment, als sie der Frage stellt, dringt Telramund begleitet von den Vier Edlen in das Brautgemach ein. In höchster Not warnt Elsa den Ritter, reicht ihm sein Schwert und dieser erschlägt Telramund.

Der Ritter ist von tiefer Traurigkeit erfüllt, dass er nun auf die Frage antworten muss und damit seine Zeit mit Elsa beendet ist.

Weh! Nun ist all unser Glück dahin!

Erst jetzt wird Elsa klar, dass sie alles zerstört hat.

Allewiger! Erbarm dich mein!

Der Ritter befiehlt den vier Edlen, den toten Telramund vor den König zu bringen. Die Brautjungfern bittet er, Elsa festlich zu kleiden und zum König zu geleiten.

Sie vor den König zu geleiten
schmückt Elsa, meine süße Frau!
Dort will ich Antwort ihr bereiten,
dass sie des Gatten Art erschau'.

Die Musik des Nacht- und Tagwechsels ist ähnlich wie im zweiten Akt, und doch ist die Stimmung eine andere.

Der neue Tag beginnt scheinbar positiv, der König tritt auf und wird freudig begrüßt. Doch schnell verändert sich die Situation, denn der Ritter stellt klar, dass sich etwas verändert hat.

Als Streitgenoss bin nicht ich hergekommen,
als Kläger sei ich jetzt von euch vernommen!

Er klagt Telramund an und verkündet, dass Elsa die verbotene Frage gestellt hat.

Zu lohnen ihres Zweifels wildem Fragen,
sei nun die Antwort länger nicht gespart!
des Feindes Drängen durft´ ich sie versagen, -
nun muss ich künden wie mein Nam´ und Art. -
Jetzt merket wohl, ob ich den Tag muss scheuen:
vor aller Welt, vor König und vor Reich
enthülle mein Geheimnis ich in Treuen.

In der „Gralserzählung", dem Höhenpunkt der Oper, enthüllt der Ritter das Geheimnis seiner Herkunft.

In fernem Land, unnahbar euren Schritten,

liegt eine Burg, die Monsalvat genannt;

ein lichter Tempel stehet dort in Mitten,

so kostbar als auf Erden nichts bekannt:

drin ein Gefäß von wundertät'gem Segen

wird dort als höchstes Heiligtum bewacht,

es ward, dass sein der Menschen reinste pflegen,

herab von einer Engelschar gebracht;

alljährlich naht vom Himmel eine Taube,

um neu zu stärken seine Wunderkraft:

es heißt der Gral, und selig reinster Glaube

erteilt durch ihn sich seiner Ritterschaft.

Wer nun dem Gral zu dienen ist erkoren,

den rüstet er mit überird'scher Macht;

an ihm ist jedes Bösen Trug verloren,

wenn ihn er sieht, weicht dem des Todes Nacht.

Selbst wer von ihm in ferne Land' entsendet,

zum Streiter für der Tugend Recht ernannt,

dem wird nicht seine heil'ge Kraft entwendet,

bleibt als sein Ritter dort er unerkannt:

so hehrer Art doch ist des Grales Segen,

enthüllt - muss er des Laien Auge fliehn;

des Ritters drum sollt Zweifel ihr nicht hegen,

erkennt ihr ihn – dann muss er von euch ziehn. -

Nun hört, wie ich verbotner Frage lohne!

Vom Gral ward ich zu euch daher gesandt:

mein Vater Parzival trägt seine Krone,

sein Ritter ich – bin Lohengrin genannt.

Interessant ist an dieser Stelle, dass niemand fragt, was der Gral ist und wer die Gralsritter sind. Dies lässt den Schluss zu, dass die Menschen in Brabant die Gralsgeschichte kennen und wissen, welche außergewöhnliche Persönlichkeit ihnen gesandt wurde.

In der allgemeinen Bestürzung taucht plötzlich der Schwan auf und nun ist es unausweichlich, dass Lohengrin von dannen ziehen muss. Doch zuvor enthüllt er das Geheimnis des verschwundenen Bruders.

O Elsa! Nur ein Jahr an deiner Seite

hätt´ ich als Zeuge deines Glücks ersehnt!

Dann kehrte, selig in des Grals Geleite,

dein Bruder wieder, den du tot gewähnt. -

Lohengrin hofft jedoch, dass der Bruder eines Tages zurückkommen wird und hinterlässt Elsa für ihn drei Erinnerungsstücke: Horn, Schwert und Ring. Nun muss Lohengrin seine Fahrt antreten. In diesem Moment tritt Ortrud triumphierend auf:

Fahr heim! Fahr heim, du stolzer Helde,

dass jubelnd ich der Törin melde,

wer dich gezogen in dem Kahn!

Das Kettlein hab´ ich wohl erkannt,

mit dem das Kind ich schuf zum Schwan:

das war der Erbe von Brabant!

Jetzt wird deutlich, warum Ortrud alle Macht daransetzen musste, den Ritter zu vertreiben, denn sonst wäre der verlorene Bruder durch Elsas Vertrauen und die Macht des Grals zurückgekehrt.

Dank, dass den Ritter du vertrieben!

Nun gibt der Schwan ihm Heimgeleit:

der Held, wär´ länger er geblieben

den Bruder hätt´ er euch befreit.

Ortrud sieht sich an ihrem Ziel, dass die alten Götter wieder in Brabant herrschen.

Erfahrt, wie sich die Götter rächen,

von deren Huld ihr euch gewandt!

Dies ist der Moment, in dem Ortrud gesiegt hat. Was auch immer das Neue ist, das durch Gottfried, in die Brabanter Gesellschaft gebracht werden sollte, ist gescheitert. Lohengrin darf nicht mehr eingreifen.

Es bleibt ihm nur das Gebet an den Gral als die höchste Liebesmacht. Dieses wird erhört, eine Taube schwebt vom Himmel herab. Lohengrin löst den Schwan vom Nachen. Der Schwan taucht unter und Lohengrin hebt den Knaben Gottfried aus dem Wasser und trägt ihn ans Ufer.

Seht da den Herzog von Brabant!
Zum Führer sei er euch ernannt!

Durch die Gnade des Grals wird ein Sieg der dunklen Mächte verhindert. Ortrud sinkt zu Boden.

Gottfried verbeugt sich vor dem König. Der Nachen wird nun von der Taube gezogen und Lohengrin entschwindet.

Die Oper geht scheinbar nicht gut aus. Zwar ist Gottfried als Herrscher von Brabant wieder da, doch Lohengrin muss Elsa verlassen.

Der Kampf zwischen Licht und Dunkel wird weiter gehen.

Mit diesem Wissen endet die Oper.

„*Weh!*"

Elsa sinkt entseelt in Gottfrieds Armen zu Boden.

Die Verantwortung liegt nun bei Gottfried. Wird er dem bald wiedererwachenden Bösen standhalten können?

Lohengrins Mission

Wenn Lohengrin in Brabant erscheint, geht es auf der Handlungsebene um Lohengrin und Elsa, die er verteidigen soll.

Inhaltlich geht es um den Gegensatz zwischen Lohengrin und Ortrud. Sie hat die Konfliktsituation, die das Erscheinen Lohengrins notwendig machte, durch die Verzauberung des künftigen Herzogs von Brabant herbeigeführt.

Ortrud möchte in Brabant die alten Götter und die vorchristliche Gesellschaftsform wieder an die Macht bringen. Sie möchte das Rad der Zeit zurückdrehen. Am Ende, als sie glaubt, sie habe gesiegt, zeigt sie ihr wahres Gesicht:

Erfahrt, wie sich die Götter rächen,
von deren Huld ihr euch gewandt!

Lohengrin hingegen ist als Gralsritter aufgrund der Gralslegende dem Christentum und der neuen Zeit verpflichtet.

Ortrud versucht ihr Vorhaben mit aller Macht durchzusetzen, jedes Mittel ist ihr recht: Lüge,

Intrige, Manipulation und der Missbrauch ihrer magischen Kräfte.

Lohengrin hingegen nimmt sich durch das Frageverbot die eigenen Gestaltungsmöglichkeiten. Sein Bestreben ist, aus dem Bewusstsein des Grals, die Menschen in ihrer Entwicklung zu begleiten. Er steht für die freie Entscheidung des Menschen.

Der Konflikt zwischen Ortrud und Lohengrin wird in die Gesellschaft getragen, öffentlich gemacht (Störung des Kirchgangs im 2. Akt) und zeigt sich in der Konfrontation zwischen Ortrud und Elsa. Aber gerade dadurch, dass Lohengrin nicht wie Ortrud versucht, sein Bestreben durchzusetzen, entsteht die Möglichkeit, aber auch die Verpflichtung der seelischen Entwicklung.

Ortrud	Lohengrin
Hierarchische Gesellschaft	Seelische Entwicklung
Magie („geheime Künste")	Selbstverantwortung
Manipulation	Freiheit
Dunkelheit	Licht
Wodan, Freia	Gral, Christus

Durch Ortrud und Lohengrin drücken sich jene inneren Konflikte aus, die in der Seele des Menschen wirken.

Der König befindet sich in Brabant, an der Westgrenze seines Reiches um Heerscharen zu finden, die ihm helfen sollen, die Ostgrenze seines Reiches zu schützen. Dadurch entsteht ein gedanklicher Raum von West bis Ost. Dies ist die Symbolik dafür, dass die Ereignisse in Brabant alle Menschen angehen und die Bedeutung geographisch unbegrenzt ist.

Der Friesenkönig Radbod widersetzte sich lange den Christianisierungsversuchen der fränkischen Könige und konnte Friesland autonom halten und zu wirtschaftlicher Blüte bringen. Das Geschlecht Radbods ist zwar hoch angesehen, aber es geht unter, denn Ortrud ist „Radbods letzter Spross."

König Heinrich, bekannter als Heinrich der Vogler, steht für die Suche nach einer stabilen christlichen Gesellschaft und symbolisiert durch seine Diplomatie und Heeresmacht, mit sicheren

Grenzen, ein bürgerliches, christliches Leben. Der König ist ein Bewahrer, kein Gestalter.

Lohengrin möchte als Gralsritter ein neues Bewusstsein zu den Menschen bringen, für das sie sich selbst entscheiden sollen. Das Gralsbewusstsein ist ein Verständnis von Christus jenseits von Vorschrift und Hierarchie hin zu Liebe und Freiheit.

Diese Konstellation aus Ortrud, König Heinrich und Lohengrin zeigt, dass wir in dieser Oper an einer Zeitenwende stehen. Ortrud und Lohengrin erzeugen die Spannung, die es zu lösen gilt, König Heinrich steht für den Ort, der den Prozess ermöglicht und Elsa symbolisiert den Menschen, in dem diese seelischen Prozesse ablaufen.

Lohengrin bringt die balancierende Kraft, denn durch Ortruds Intrige ist die Welt aus dem Gleichgewicht geraten.

Fassen wir noch einmal zusammen, um zu verdeutlichen in welches Spannungsfeld Lohengrin bei seiner Ankunft gerät.

Brabant ist eine mehr oder weniger stabile Gesellschaft mit christlicher Struktur. Es gibt noch wenig individuelles Bewusstsein, aber ein kollektives Verständnis für die Hingabe an Gott. Im Gottesgericht trifft das heidnische Bewusstsein auf den christlichen Gott, der richten soll.

Das alte Bewusstsein ist durch Ortrud aktiv und steht der zerstrittenen Brabanter Gesellschaft, die ohne Führung ist, entgegen. Wird Elsa zu Recht verklagt, bedeutet dies einen Sieg für die alten Mächte. Ausgelöst wird diese Konfrontation durch das Verschwinden von Gottfried, Elsas Bruder, dem legitimen zukünftigen Herrscher von Brabant.

Brabant ist ohne Führung, sprich ohne zukünftigen Herzog. So beginnt die Oper und zeigt damit, dass es um eine Ausrichtung für die Zukunft geht.

In diesem Moment der höchsten Zuspitzung, des schon fast sicheren Gelingens von Ortruds Intrige, die von Telramund ausgeführt und öffentlich vertreten wird, erscheint Lohengrin.

Nach der Ankunft macht Lohengrin „merkwürdige" Dinge, die aber keinerlei Aufsehen erregen: Er verabschiedet sich von dem Schwan, der seinen Nachen ans Ufer der Schelde gezogen hat und beginnt ein Gespräch mit Elsa. Dieses Gespräch ist sehr intim, aber dennoch öffentlich. Er formuliert das Frageverbot und die Heirat wird vereinbart. Dies bedeutet, dass Brabant einen Herzog haben wird. Als sich Elsa und Lohengrin einig sind, gesteht er Elsa seine Liebe, erklärt ihre Unschuld vor dem König und fordert das Gottesgericht.

Der erste Schritt seiner Mission ist, eine Ordnung zu erschaffen, ohne die nichts Neues entstehen kann. Deswegen „muss" Lohengrin heiraten, denn nur so kann er seine Mission erfüllen. Es geht ihm nicht um die Macht als Herzog. Dies stellt er im 2. Akt klar, als er sich „Schützer von Brabant" nennen lässt. Lohengrin will wirken, nicht herrschen, was in seinem Wesen als Gralsritter begründet liegt.

Die Gralslegende beginnt mit dem römischen Centurio Longius. Dieser stieß Jesus die Lanze in die Seite. Das herausfließende Blut wurde mit einem Gefäß aufgefangen, das zum Gralsgefäß wurde. Bis zu diesem Punkt der Geschichte herrscht Einigkeit, jetzt trennen sich die Wege, wie die Entwicklung mit dem Gralsgefäß und dem Blut Christi weiter gegangen ist. Die zentralen Begriffe des Grals sind Lanze, Wunde, Kelch und Erlösung. Hier zeigt sich, dass der Gralsgedanke mit dem Werk Richard Wagners eng verwoben ist: In „Tristan und Isolde" durch Trank, Schwert und Wunde, in der „Götterdämmerung" mit Trank, Speer und tödliche Verletzung und im „Parsifal" erneut mit Lanze, Wunde und Kelch. Alle Werke führen zur Erlösung. Die Oper „Lohengrin" ist der Ausgangspunkt für den Gralsgedanken im Werk Richard Wagners.

Richard Wagner schickt zur Rettung von Elsa nicht irgendeinen Ritter, sondern einen Gralsritter. Dadurch hat er das Thema „Christus" als zentralen Gedanken in der Oper definiert. Die Gralsströmung fordert den Menschen auf, im Sinne des Christus zu denken und zu handeln. Dies möchte Lohengrin durch seine Anwesenheit in Brabant bewirken und gibt dies in die freie Entscheidung der Menschen.

Lohengrins Mission in Brabant ist kurz. Bereits in der Hochzeitsnacht konnte sich die zerstörerische Kraft Ortruds so stark entfalten, dass Elsa die verbotene Frage stellt und damit die Mission

Lohengrins abrupt zu Ende geht. Hat Ortrud gesiegt?

Der Schwan kommt wieder, um Lohengrin zurück nach Monsalvat zu begleiten. Doch Lohengrin gibt nicht auf und dies ist einer der ergreifendsten Momente der Oper.

Als Gralsritter ist er dem bedingungslosen Vertrauen in die erlösende Kraft des Grals in jeder Situation und bis zum letzten Moment verpflichtet. Weder er, noch Elsa, noch irgendjemand anderer, kann sich Ortrud, die nun triumphiert, in den Weg stellen. Nur das Wunder und die Gnade der höchsten Liebesmacht kann eingreifen und darum bittet Lohengrin im Gebet.

Richard Wagner gibt hier folgende Regieanweisung:

„Lohengrin, schon bereit in den Nachen zu steigen, hat, Ortruds Stimme vernehmend, eingehalten und ihr vom Ufer aus aufmerksam zugehört. Jetzt senkt er sich, dicht am Strande, zu einem stummen Gebete feierlich auf die Kniee. Plötzlich erblickt er eine weiße Taube sich über dem Nachen senken: mit lebhafter Freude springt er auf, und löst dem Schwane die Kette, worauf dieser sogleich untertaucht: an seiner Stelle erscheint ein Jüngling – Gottfried.

Die Gnadenkraft des Grals, die weit über allem menschlichen Handeln und Wollen steht, hat gesiegt und Gottfried ist zurückgekehrt.

Bleibt die Frage, ob Lohengrin mit seiner Mission gescheitert ist. Für den Moment nicht, denn Gottfried ist zurückgekehrt und Brabant hat einen zukünftigen Herzog. Lohengrin war nur zwei Tage in Brabant, doch die Ereignisse bieten zahlreiche Möglichkeiten für positive Veränderungen. Daher ist es nicht die Frage, ob Lohengrin gescheitert ist, sondern was die Menschen aus den 48 Stunden, die er in Brabant weilte, lernen können

Das Böse wird nie aufgeben. Deswegen endet die Oper mit den „Weh"-Rufen des Chores, die als Warnung dienen sollen. Dennoch ist die Welt eine andere geworden. Lohengrin hat den Gral zu den Menschen gebracht. Auch wenn sie noch nicht damit umgehen können, ist das Wissen und die Erfahrung bei den Menschen.

Betrachten wir unsere gegenwärtige soziale, gesellschaftlich und weltpolitische Lage, beschreibt „Lohengrin" die Herausforderungen unserer Zeit.

Exkurs:

Richard Wagner und die Christus-Thematik

Das Christentum hatte für Richard Wagner zeitlebens eine wichtige Bedeutung. Bereits in jungen Jahren plante er eine Oper mit dem Titel „Jesus von Nazareth". Als Richard Wagner 1849, wegen seiner Beteiligung am Maiaufstand, Dresden verlassen musste, hatte er die Textentwürfe bereits im Gepäck. Die Jahre auf der Flucht führten ihn schließlich ins Exil in die Schweiz. Am Frühlingsmorgen des Karfreitags 1857 stand im Park der Villa Wesendonck am Zürichsee der „Karfreitagszauber" vor seinem geistigen Auge.

Der „Karfreitagszauber" im 3. Akt des „Parsifal" ist ein sehr wesentlicher Teil der Erlösungsthematik in dieser Oper und er begleitete Wagner 25 Jahre, bis zur Uraufführung 1882.

Auch die Werkentwicklung seit dem „Fliegenden Holländer" zeigt, dass stets die christliche Thematik enthalten ist.

Glaube, Liebe und Hoffnung gelten als die christlichen Tugenden und gerade diese lassen sich in den ersten Opern von Richard Wagner inhaltlich und aus dem Text heraus deutlich erkennen:

Der Fliegende Holländer – Hoffnung

Tannhäuser – Glaube

Lohengrin – Liebe

Mit dem Abschluss der Kompositionsarbeit am Lohengrin findet ein tiefgreifender Einschnitt in Richard Wagners Biographie statt. Als er Dresden verlässt, ist er politischer Flüchtling, wird gesucht und muss sein Leben in jeder Hinsicht an einem sicheren Ort neu ordnen. Mehr als fünf Jahre wird er nicht mehr komponieren. Er beschäftigt sich intensiv mit dem Nibelungen Thema und arbeitet an dem Text zum „Ring des Nibelungen".

Im September 1853 hält Richard Wagner sich in La Spezia auf. Er ist krank und in einem „somnambulen Zustand" hört er den Es-Dur Akkord zu Beginn des Rheingolds. Durch das „La Spezia Erlebnis" findet er die Kraft zum Komponieren wieder.

Es gibt eine besondere Auffälligkeit in Richard Wagners Texten. In den drei Opern der christlichen Tugenden findet sich sehr oft das Wort „Engel", wobei es im Lohengrin bereits deutlich weniger verwendet wird, als in den anderen beiden. Nun wimmelt es in italienischen Opern auch von „Angeli", jedoch ist dies bei Richard Wagner mit seinem Konzept des Gesamtkunstwerkes anders zu bewerten. Es zeigt die bewusste Hingabe an eine christlich geprägte Welt und beschreibt seine Suche, aber auch sein Vertrauen in eine höhere Macht.

Nach dem Lohengrin kommt das Wort „Engel" nur noch einmal im 3. Akt des „Parsifal" vor, wenn Amfortas um Erlösung fleht.

Der biographische Bruch durch die Flucht aus Dresden führt bei Richard Wagner zu einer inneren Entwicklung. Dies ist sicherlich keine Abwendung von der Christus-Thematik, im Gegenteil, sein Bewusstsein beginnt sich zu verändern, was schließlich in das Karfreitagserlebnis von 1857 mündet.

Die Zeit zwischen 1848 und 1853 sind Jahre der seelischen Entwicklung für Richard Wagner:

...darf ich diesen Wiederbeginn meiner musikalischen Arbeit wohl als den Eintritt einer völligen Wiedergeburt nach einer stattgehabten Seelenwanderung bezeichnen.

In den Werken, die auf „Lohengrin" folgen, lässt sich die innere Entwicklung der Christus-Thematik zeigen. Dies würde jedoch an dieser Stelle zu weit führen. Daher nur einige kurze Anmerkungen.

Der „Ring des Nibelungen" beschreibt jene Phase in der Entwicklung der Menschheit, die untergehen muss, damit das Christentum auf die Erde kommen kann. Das Interessante ist, dass Richard Wagner eine christliche Tat in diesen Zyklus bereits hineinbringt, ohne es so zu benennen. Im „Ring" ist „Die Walküre" das Schlüsselwerk. Durch den Artikel „die" entsteht eine Hervorhebung, die auf die Tat der Brünnhilde aufmerksam macht. Im 2. Akt widersetzt Brünnhilde sich Wotans Gebot aus Liebe und entscheidet sich für die Liebe zu den Wälsungen Siegmund und Sieglinde, die ihre Halbgeschwister sind. Diese bedingungslose Menschenliebe, die in vollem Bewusstsein den eigenen Nachteil in Kauf nimmt, ist die Ur-Form christlicher Nächstenliebe.

Bei „Tristan und Isolde" wird es schon schwieriger und hier müsste weit ausgeholt werden. Schwierig wird es in der Deutung auch deswegen, weil das Gespenst der Affäre Richard Wagners mit Mathilde Wesendonck noch immer in vielen Köpfen spukt. Lassen wir uns stattdessen von folgender Frage leiten: Was ist die menschliche Ausdrucksform des Christentums? Die Antwort ist: Liebe. Dabei geht es nicht um die Unterscheidung zwischen physischer oder platonischer Liebe, sondern um die Ausgestaltung der Liebe. Christliche Liebe ist bedingungslos und frei von Erwartungen. Das entscheidende Merkmal christlicher Liebe ist das Opfer. Es ist die Bereitschaft, eigene Interessen und Vorteile für einen anderen Menschen aufzugeben. Mit diesem Gedanken lässt sich tief in die Bedeutung von „Isoldes Liebestod" eindringen. Ursprünglich hatte Richard Wagner die Idee, im 3. Akt von „Tristan und Isolde" Parsifal auftreten zu lassen. Dies zeigt, dass er eine Verbindung zwischen Tristan und Parsifal gesehen hat, denn in beiden Opern geht es um die Heilung einer Wunde.

In „Die Meistersinger von Nürnberg" beginnt jeder der drei Akte mit Johannes dem Täufer („Da zu Dir der Heiland kam", „Johannistag…", „Am Jordan Sankt Johannes stand"). Johannes ist der Verkünder des kommenden Christus.

Das alles verbindende Thema in Richard Wagners Denken und Schaffen ist die Erlösung, die sich in jedem seiner Werke zeigt. Erlösung ist ein Begriff, eine Erfahrung und eine Chance, die erst durch das Erscheinen von Christus auf der Erde möglich ist.

Insofern ist „Parsifal" als letztes großes Werk der Schlussstein in Richard Wagners Leben, das geprägt ist von der Suche nach einer Ausdrucksform der Christus-Thematik.

Noch eine Anmerkung zum Thema Richard Wagner und Buddhismus. Nach dem „Parsifal" plante er eine weitere Oper „Die Sieger", in der es um die Überwindung des karmischen Kreislaufes des Menschen gehen sollte. Im Kontext von „Parsifal" wird das Thema Christentum und Buddhismus verwechselt. Diese Verwirrung beruht auf der Textstelle im „Parsifal", die sich auf Kundry bezieht:

„zu büßen Schuld aus früherm Leben,
die dorten ihr noch nicht vergeben."

Kundry irrt durch die Welt, weil sie den Erlöser am Kreuz verlachte. Das ist die Information auf die sich die Schuld aus „früherm Leben" bezieht. Doch aus dieser Stelle lässt sich kein Rückschluss ziehen, dass „Parsifal" eine buddhistische Oper ist. Richard Wagner hat das christliche Abendmahl auf die Bühne gebracht. Die Textstelle zeigt nur, dass er sich mit dem Reinkarnationsgedanken beschäftigt hat.

Weder die katholische noch die evangelische Lehre beinhalten das Thema Reinkarnation und Karma. Dies ist keine Kritik, sondern schlicht eine Feststellung.

Insofern hatte Richard Wagner damals keine andere Möglichkeit, um das Thema Karma aufzunehmen, als es in einen buddhistischen Kontext zu setzen, denn Reinkarnation erfordert ein Verständnis von nachtodlichem und vorgeburtlichem Leben.

Frageverbot und Schwan

Die Opern Richard Wagners bestehen aus verschiedenen Ebenen: Einerseits sind es Mythen (z.B. Nibelungen) und andererseits historische Ereignisse (z.B. Meistersinger). Bei Lohengrin haben wir es im Unterschied zu anderen Opern mit einer Kombination zu tun. Die Lohengrin „Sage" wird in einen historischen Kontext hineinversetzt, der Mythos spielt in einer historischen Zeit: Lohengrin trifft auf Heinrich den Vogler.

Das Aufeinandertreffen von Lohengrin (geistiger Repräsentant) und König Heinrich (historischer Repräsentant) bedeutet, dass die Gralsströmung in die Gesellschaft kommt. Lohengrin formuliert für sein Wirken eine Bedingung, das sogenannte Frageverbot. Niemand hat das Recht ihn nach seiner Herkunft, „Nam´ und Art" zu fragen. Nur Elsa müsste er die Frage beantworten und daher bittet er sie, diese nie an ihn zu richten.

Nehmen wir an, Lohengrin würde sich von Anfang an zu erkennen geben, so wird er als hohe Autorität, die sogar noch über dem König steht, anerkannt.

Sein Kommen wird als Wunder bezeichnet und auch der König sieht ihn als von Gott gesandt. Damit würde er natürlich Telramund ebenso besiegen. Jetzt wird ihm die Brabanter Gesellschaft aufgrund seiner Herkunft folgen.

Lohengrin möchte neue soziale und geistige Impulse in die Gesellschaft bringen. Erfolgt dies wegen seiner Herkunft als Gralsritter, so entsteht weder ein gesellschaftlicher Prozess noch eine seelische Entwicklung. Es werden lediglich die Autoritäten ausgetauscht nach dem Motto: gehorchen und folgen. Zweifellos wäre dies einfacher, denn Lohengrin ist der einzige, der in diesem Moment, Ortrud in Schach halten kann. Doch die Menschen sollen, durch ihre eigene innere Entwicklung, die seelische Kraft entfalten, immer wieder dem Bösen zu widerstehen. Deswegen darf es keine Person geben, an die Verantwortung für individuelle Entwicklung qua Autorität abgegeben werden kann.

Bevor Lohengrin nach Brabant kommt, weilt er in der Gralsburg. Dies ist ein Ort des Friedens und höchster geistiger Entwicklung. Solch ein Platz muss gegen negative Einflüsse und Angriffe von außen geschützt werden, daher wird der Kelch im Gralstempel als „höchstes Heiligtum" bewacht und durch eine Burg geschützt. Nun verlässt Lohengrin die Gralsburg und begibt sich in eine Welt der Kämpfe und des Bösen. Er ist zu mächtig, als dass Ortrud ihn physisch angreifen kann, aber er ist nicht unverwundbar.

Nun werfen wir einen Blick auf den Schwan, so dass wir durch die verschiedenen Aspekte ein Bild bekommen. Es gibt drei Möglichkeiten, mit dem Schwan umzugehen: ignorieren, hinnehmen oder deuten. Wenn man sich für eine Deutung entscheidet, macht man sich angreifbar, weil über „richtig" oder falsch" diskutiert wird.

Rudolf Steiner beschrieb den Schwan allgemein als einen Bewusstseinsgrad, einen bestimmten Punkt der geistigen Entwicklung des Menschen:

Wenn wir es machen wie der Christus-Jesus, so sehen wir nicht das Hässliche, sondern tauchen soweit hinein in alles, dass wir an das Gute kommen. (…) Unser Ich schaut uns aus allem Geschaffenen an («Schwan»). Der Schüler erreicht die Stufe des «Schwan», wenn er das erleben kann.

Er beschreibt die Fähigkeit im Hässlichen das Gute zu sehen, sich von den eigenen Egoismen zu lösen und tiefe Verbindung mit der geistigen Welt einzugehen. Der Schlüssel ist die Formulierung „Unser Ich schaut uns aus allem Geschaffenen an". Wir tragen die volle Verantwortung für unsere Gesellschaft, durch das, was wir erschaffen. Im Geistigen und Materiellen erkennen wir unser eigenes Ich. Daher muss Lohengrin stets das Gute bewirken.

Wenn der Schwan das Symbol und der Ausdruck für einen hohen Entwicklungszustand ist, stellt sich die Frage, warum Gottfried von Ortrud in einen Schwan verwandelt wird.

Das Böse hat verschiedene Möglichkeiten, positive Symbole zu schwächen oder ihre Kraft ins Negative umzukehren.

Die erste Möglichkeit ist das Symbol auf den Kopf zu stellen. Dadurch verliert es seine Kraft und die gegenteilige Wirkung entfaltet sich. Das berühmteste Beispiel dafür ist das Pentagramm. Als kraftvolles Schutzsymbol entfaltet es auf den Kopf gestellt diabolische Mächte. Dies ist in vielen Schriften und Bildern der „Alten Meister" ausgedrückt.

Die zweite Möglichkeit ist der Spott. Heilige Symbole ins Lächerliche zu ziehen führt zur Entweihung der Symbole. Durch fehlenden Respekt und lächerlich machen geht die Bedeutung eines heiligen Symbols verloren und verschwindet aus dem Bewusstsein der Menschen.

Nicht umsonst nannte Richard Wagner seine letzte Oper „Parsifal" ein „Bühnenweihfestspiel". Das Werk durfte ursprünglich nur in Bayreuth aufgeführt werden und es sollte keinen Beifall geben. Dies hatte Richard Wagner mit Bedacht verfügt, damit sich die Zuschauer ganz der „Weihe" der Oper widmen können. Unter diesem Aspekt ist es wünschenswert, hinsichtlich Regie und Aufführungspraxis öfter Entscheidungen im Sinne des Werkes zu treffen.

Die dritte Möglichkeit ist die Inbesitznahme und eine daraus entstehende Instrumentalisierung. Das positive Symbol wird für negative Zwecke benutzt, sozusagen versklavt. Dadurch verwandelt sich die positive Kraft in dunkle Energie. Negative Produkte,

Information oder Aussagen bekommen durch den Schein des positiven Symboles eine andere Wirkung. Wenn auf einer Flasche mit Gift das Etikett „Weihwasser" aufgeklebt wird, bleibt der Inhalt immer noch Gift.

Ortrud hat für die Verwandlung in den Schwan die letzten beiden Möglichkeiten gewählt: Spott und Inbesitznahme. Durch ihre magischen Künste konnte sie die positive Symbolkraft des Schwans unter ihre Macht zwingen, der nicht mehr über die Kraft verfügt, sich selbst zu befreien. Die einzige Chance, die Gottfried als Schwan bleibt, ist sich zum Gral zu flüchten. Sie geht sogar noch einen Schritt weiter und „fesselt" den Schwan mit einem goldenen Kettchen am Nachen. Dadurch unterwirft sie den Schwan ihrer Macht. Dies wird im zweiten Teil der Gralserzählung beschrieben:

„als wir den Gral zu fragen nun beschickten,

wohin ein Streiter zu entsenden sei, -

da auf der Flut wir einen Schwan erblickten,

zu uns zog einen Nachen er herbei: -

mein Vater, der erkannt des Schwanes Wesen,

nahm ihn in Dienst nach des Grales Spruch,

denn wer ein Jahr nur seinem Dienst erlesen,

dem weicht von dann ab jedes Zaubers Fluch."

Diese letzten beiden Zeilen sind für das Verständnis der Oper entscheidend, kommen aber, da der zweite Teil der Gralserzählung von Richard Wagner gestrichen wurde, nicht vor.

Gottfried muss ein Jahr beim Gral bleiben, dann ist er von Ortruds Fluch erlöst. Wenn Lohengrin von Anfang an das Frageverbot auf ein Jahr begrenzen würde, hätte das Vertrauen, das Elsa in Lohengrin setzen soll eine Bedingung, nämlich eine zeitliche Befristung. So funktioniert Vertrauen aber nicht, denn Vertrauen ist bedingungslos.

In dieser Zeile „…dem weicht von dann ab jedes Zaubers Fluch" finden sich noch weitere Schlüssel zur Deutung. Hier liegt das Augenmerk auf dem Wort „ab", das im doppelten Sinn verstanden werden kann: „von dann ab" zeitlich als „ab dann" und es kann als „weicht ab" verstanden werden, im Sinne, dass jeder Fluch weicht. Kombiniert man diese beiden Versionen, kommt man zu folgendem Verständnis: Wer ein Jahr für den Dienst des Grals ausgewählt war („erlesen"), von dem weicht ab (diesem Zeitpunkt) dann jeder Fluch (ab).

Nun wird Gottfried frühzeitig erlöst, obwohl er das Jahr beim Gral nicht erfüllen, kann. Diese frühzeitige Verwandlung ist ein Akt der Gnade als Antwort auf Lohengrins Gebet. Einem solchen Gnadenakt der geistigen Welt muss etwas in der materiellen Welt entgegenstehen und das ist die Liebe zwischen Lohengrin und Elsa. Insofern wird Elsa nicht bestraft, sondern auch sie trägt, trotz ihres Versagens, mit ihrer Liebe zur Erlösung von Gottfried bei. Durch die Ereignisse, die in der Oper dargestellt werden, ist Gottfried gegen „jedes Zaubers Fluch" geschützt und wird in der Brabanter Gesellschaft wirken können. Gottfried erlebt intensive seelische Prozesse: er wird verzaubert, lebt im Dienst des Grals und wird erlöst. Er ist trotz seinem jugendlichen Alter zu einer gereiften Persönlichkeit geworden, die Brabant in die Zukunft führen soll.

Seht da den Herzog von Brabant!
Zum Führer sei er euch ernannt!

Doch wie kommt Gottfried als verzauberter Schwan zum Gral? Die Gralsritter haben diesen Prozess nicht initiiert oder erwartet, sie haben ihn nur verstanden:

mein Vater, der erkannt des Schwanes Wesen

Eine Möglichkeit ist, dass sich Gottfried zum Gral geflüchtet hat. Dann muss er bereits als Kind Kenntnis vom Gral gehabt haben.

Die zweite Möglichkeit ist, dass der Prozess durch eine über dem Gral stehende Macht gelenkt wurde. Das würde bedeuten, dass diese übergeordnete Macht den Prozess durch Ortrud initiiert oder zumindest toleriert hat.

In der Weltliteratur gibt es zwei berühmte Beispiele in denen dieser Zusammenhang beschrieben wird: Die höchste göttliche Macht gibt dem „Bösen" den Auftrag und die Erlaubnis der Verführung, weil dadurch auf lange Sicht Gutes bewirkt wird. In Goethes Faust im „Prolog im Himmel" weist Gott Mephisto auf Faust hin und gibt ihm die Erlaubnis der Verführung. Ebenso ist es im Buch Hiob.

Das Böse darf wirken, weil in dem Menschen auf den das Böse wirkt, ein Transformationsprozess zum Guten möglich ist. Dieser Gedanke findet sich im „Parsifal"

So recht! So nach des Grales Gnade:
Das Böse bannt, wer's mit Gutem vergilt.

An dieser Stelle sind wir am tiefsten Punkt der Erkenntnis der Oper „Lohengrin" angelangt. Hier zeigt sich, über welches Wissen Richard Wagner verfügt hat und wie groß sein Genie war, dies so kunstvoll darzustellen. Gleichzeitig hat er diese Wahrheiten durch das Streichen des zweiten Teils der Gralserzählung verborgen und es bleibt dennoch durch Handlung und Musik der Oper sichtbar.

Doch nun zurück zur Handlung.

Ortrud verachtet den Gral und gerade deswegen wählt sie den Schwan und will sich damit den Gral symbolisch unterwerfen. Als am Ende der Oper klar ist, dass Lohengrin zurückkehren muss, bricht gehässiger Spott aus ihr heraus.

Bleibt die Frage, warum Gottfried verschwinden musste. Die Antwort ist vielschichtig.

Das vordergründige Ziel von Ortrud ist, die Herrschaft über Brabant zu erlangen.

Aus der Sicht des Grals: Mit Gottfried soll der Weg des Menschen zum Gralsbewusstsein gegangen werden. Die Mission Lohengrins ist eigentlich Gottfrieds Mission, da dieser jedoch verzaubert und verschwunden ist, muss Lohengrin für ein Jahr seinen Platz einnehmen.

Aus der Sicht Ortruds: Das Gralsbewusstsein soll nicht nur zurückgedrängt, sondern beherrscht werden. Dies zeigt sich in der doppelten Symbolik der Verwandlung in den Schwan, der an einen Nachen gefesselt ist, diesen ziehen muss und damit dienende Funktion hat.

Ortrud und Lohengrin stehen sich mit ihren Taten gegenüber und machen den Kampf zwischen Licht und Finsternis sichtbar. Hier schließt sich der Kreis zum Frageverbot.

Die Bedeutung des Schwans zeigt indirekt die geistige Entwicklungsstufe von Lohengrin. Das Frageverbot wirkt zum Schutz für denjenigen, der vom Gral entsandt ist.

Ein Mensch, der mit „überirdischer Macht"
ausgestattet ist und über ein Bewusstsein seiner
hohen Herkunft als Gralsritter verfügt, ist wie jeder
andere Mensch auch den Verführungen des Bösen
ausgesetzt: Egoismus, Überheblichkeit, Arroganz,
Manipulation, Machtmissbrauches. Dadurch, dass er
sich nicht zu erkennen geben darf und nur den
seelischen Prozess der Menschen liebevoll begleiten
darf, aber nicht eingreifen kann, wird er vor diesen
Versuchungen geschützt.

Nicht jeder Gralsritter konnte diesen Versuchungen
widerstehen, wie das Beispiel Amfortas im „Parsifal"
zeigt.

Die Gralserzählung als Schlüssel

Ursprünglich hatte Richard Wagner einen längeren Text für die Gralserzählung verfasst und diesen auch vertont. Im letzten Moment vor der Uraufführung in Weimar schrieb er aus dem Exil an Franz Liszt, der das Werk zur Aufführung brachte, dass der zweite Teil entfallen soll. Dieser enthält viele Informationen für das Verständnis, allerdings finden sich diese bei genauerem Hinsehen in der Oper indirekt wieder. Durch den zweiten Teil erklärt Richard Wagner die Oper vollständig. Nach der Streichung kann die Gesamtheit der Geschichte und das Verständnis nur durch intensive Beschäftigung mit Text und Handlungsverlauf erarbeitet werden.

Stellen wir nun den zweiten Teil der Gralserzählung den bekannten Inhalten gegenüber.

Zweiter Teil der Gralserzählung	*Entsprechung in der Oper*
Nun höret noch, wie ich zu euch gekommen!	*Elsa (1. Akt): Du trugest zu ihm meine Klage, zu mir trat er auf dein Gebot;*

Ein klagend Tönen trug die Luft daher,

daraus im Tempel wir sogleich vernommen,

dass fern wo eine Magd in Drangsal wär'.

als wir den Gral zu fragen nun beschickten,

wohin ein Streiter zu entsenden sei, -

da auf der Flut wir einen Schwan erblickten,

zu uns zog einen Nachen er herbei: -

mein Vater, der erkannt des Schwanes Wesen, nahm ihn in Dienst nach des Grales Spruch, denn wer ein Jahr nur seinem Dienst erlesen, dem weicht von dann ab jedes Zaubers Fluch.

o Herr, nun meinem Ritter sage,

daß er mir helf' in meiner Not!

Ortrud (3. Akt): Fahr heim! Fahr heim, du stolzer Helde, dass jubelnd ich der Törin melde, wer dich gezogen in dem Kahn!

Ortrud (3. Akt): Das Kettlein hab ich wohl erkannt, mit dem das Kind ich schuf zum Schwan: das war der Erbe von Brabant!

Lohengrin (3. Akt): In einem Jahr, wenn deine Zeit im Dienst zu Ende sollte gehn, - dann, durch des Grales Macht befreit,

Zunächst nun sollt' er mich dahin geleiten,
woher zu uns der Hilfe Rufen kam;
denn durch den Gral war ich erwählt zu streiten,
darum ich mutig von ihm Abschied nahm.
Durch Flüsse und durch wilde Meeres Wogen hat mich der treue Schwan dem Ziel genaht, bis er zu euch daher ans Ufer mich gezogen, wo ihr in Gott mich alle landen saht.

wollt' ich dich anders wieder sehn!

Lohengrin (1. Akt): Zum Kampf für eine Magd zu stehn, der schwere Klage angetan,
bin ich gesandt: nun lasst mich sehn,
ob ich zu Recht sie treffe an! -

Lohengrin (1. Akt): Nun sei bedankt, mein lieber Schwan!
Zieh durch die weite Flut zurück
dahin, woher mich trug dein Kahn,
kehr wieder nur zu unserm Glück!

Der erste Teil der Gralserzählung „In fernem Land…" enthält neue Informationen und so bekommt die Gesellschaft von Brabant nicht nur die Herkunft Lohengrins enthüllt, sondern auch das Wesen des Grals beschrieben. In dieser Form wird die Gralserzählung aufgewertet, weil es tatsächlich nur um die Gralsthematik geht. Dramaturgisch ist dies ein genialer Griff.

Es scheint als ob Richard Wagner seine Oper verschlüsseln wollte, so dass die äußere Handlung als die Geschichte von Elsa und Lohengrin verstanden werden kann. Andererseits enthält die Oper Wahrheiten, die erst durch geistige Suche erkannt werden können. Dann wird „Lohengrin" zum Erkenntnisweg.

Bevor das Vorspiel zum 1. Akt erklingt, hat sich bereits folgendes ereignet: Elsa und Gottfried stehen nach dem Tod des Vaters unter dem Schutz von Telramund. Dieser will Elsa heiraten, lässt sich aber von Ortrud überzeugen, sie selbst zu heiraten. Ortrud verzaubert Gottfried in einen Schwan, und bringt Telramund dazu, Elsa anzuklagen.

Die Gralsritter nehmen Gottfried in ihren Dienst und entsenden Lohengrin zur Verteidigung Elsas. Das Vorspiel ist die Antwort des Grals auf die Ereignisse in Brabant.

Es ist eine besondere Erfahrung, wenn man sich dies, kurz bevor die Oper beginnt, bewusst macht.

Das „Lohengrin Vorspiel"

Richard Wagner komponierte „Lohengrin" auf besondere Art, die er sonst bei keiner anderen Oper anwandte: er begann mit dem 3. Akt. Die gesamte Oper ist aus dem Geiste und Verständnis der Gralserzählung heraus komponiert. Er schreibt dazu in „Mein Leben":

Hierbei geriet ich auf ein sonst nie wieder von mir befolgtes Verfahren: ich führte nämliche den dritten Akt zuerst aus, wozu mich die zuvor besprochene Kritik des dramatischen Charakters dieses Aktes und seines Schlusses in der Weise bestimmte, dass ich ihn, selbst wohl auch der in der Erzählung vom Gral erscheinenden musikalischen Motive wegen, von vornherein als Kern des Ganzen mir vollkommen befriedigend festzusetzen suchen wollte.

Rudolf Steiner hat darauf hingewiesen, dass die Antwort des Lichtes auf die Dunkelheit ein „Opfer" ist. Das Licht kann nicht mit der Dunkelheit auf Sieg und Niederlage kämpfen, da es sich sonst auf die gleiche Stufe stellen würde.

Die lichtvollen Kräfte dürfen und müssen sich verteidigen, doch kann nicht deren Intention sein, zu kämpfen, um zu siegen im Sinne der Vernichtung.

Erlösung erfolgt durch die Heilung einer Wunde (Tristan, Amfortas) und ist ein Prozess seelischer Transformation.

Wenn Licht und Dunkel immer auf Sieg und Niederlage kämpfen würden, gäbe es nie die Möglichkeit für Frieden. Nur ein Opfer oder ein Verzicht bietet die Möglichkeit für Frieden.

Die Kreuzigung Christi ist das größte Opfer, das die lichtvollen Mächte erbracht haben und hier schließt sich der Kreis zur Gralsgeschichte. Durch die Entsendung Lohengrins nach Brabant und das Frageverbot wird eine Konstellation erschaffen, in der das Licht nur dadurch siegen kann, indem die Menschen sich überwinden, über sich selbst hinauswachsen und dennoch die Möglichkeit des Scheiterns bleibt.

Richard Wagner hat sich mit einigen seiner Zeitgenossen intensiv darüber auseinandergesetzt, ob das Ende der Oper nicht zu hart sei. Einerseits wird Elsa es als Strafe empfinden, dass Lohengrin wieder von dannen ziehen muss. Andererseits ist eine Bestrafung nicht im Sinne des Gralsgedankens.

Lohengrin liebt Elsa und will in Brabant bleiben, dennoch muss er gehen. Durch dieses Opfer Lohengrins wird der Gnadenakt des Grals, Gottfried in letzter Minute zu erlösen, erst möglich. Richard Wagner hat dieses Opfer ausgedrückt, indem er Lohengrin in einer früheren Fassung der Regieanweisung als traurig beschrieben hat. Doch diese Traurigkeit wurde durch den Gedanken des Opfers überwunden. Lohengrin kehrt heim und Elsa sinkt „entseelt" in Gottfrieds Arme. Beide konnten durch ihre Liebe für die Erlösung Gottfrieds wirken. In der Schlussfassung hat er die entscheidende Änderung vorgenommen und so schließt sich der Kreis zum Vorspiel.

„...Lohengrin bereits in der Ferne, von der Taube im Nachen gezogen".

Die Oper beginnt in dem Moment als Ortruds Intrige erfolgreich ist und sie kurz vor dem Sieg zu stehen scheint. Der Gral muss mit einem Opfer reagieren und entsendet Lohengrin, der wegen des Frageverbots scheitern kann.

Vor Beginn der Opernhandlung herrscht eine schwierige Situation in Barbant: ein Kind ist verschwunden, eine Anklage des Brudermordes wird erhoben, Intrigen, Lügen und Angst werden verbreitet, die Gesellschaft ist zerstritten. Eine ordnende Kraft fehlt, da es keinen Herzog von Brabant gibt. Nun ertönt das Vorspiel und diese überirdische Musik aus einer anderen Welt, bringt Ruhe und klärt die Kräfte.

Viele Jahre später hat Richard Wagner eine ähnliche Situation am Ende des Rheingolds komponiert, als der Gott Donner die Lüfte reinigen muss („Heda, Heda Hedo…"), bevor die Götter in Walhall einziehen können.

Insofern ist das Vorspiel zum 1. Akt die Antwort des Lichtes (Gral) auf den Angriff der Dunkelheit (Ortrud) zur Vorbereitung von Lohengrins Ankunft.

Das Lohengrin Vorspiel ist die Antwort des Grals auf die Konflikte unserer Zeit: Frieden.

Abschließende Gedanken

Am 28. August 1850, der Geburtstag von Goethe, findet in Weimar die Uraufführung der Oper Lohengrin statt. Richard Wagner ist zu dieser Zeit im Exil in der Schweiz. An diesem Tag unternimmt er mit seiner Frau Minna einen Ausflug und sie besteigen gemeinsam die Rigi.

Den Abend des 28. August, an welchem in Weimar die erste Aufführung des „Lohengrin" stattfand, verbrachten wir in Luzern im Gasthof „Zum Schwan", genau die Stunde des Anfangs und des vermuteten Endes an der Uhr verfolgend.

Erst im Mai 1861, 13 Jahre nach Vollendung der Partitur hört und sieht Richard Wagner das erste Mal „seinen" Lohengrin als vollständige Oper in Wien.

Am 10. März 1864 wird Ludwig II. König von Bayern und eine seiner ersten Amtshandlungen war, Richard Wagner suchen zu lassen. Am 4. Mai 1864 trafen sich beide zum ersten Mal. Damit beginnt ein neues Kapitel im Leben Richard Wagners, denn ohne Ludwig II. wäre alles, was danach kam undenkbar: die Erstaufführung von „Tristan und Isolde" in München, das Haus in Tribschen bei

Luzern, die Bayreuther Festspiele bis hin zum „Parsifal".

Ludwig II. war bereits als Jugendlicher glühender Verehrer von Richard Wagner und die Lohengrin Geschichte war ihm durch die Wandgemälde in der Burg Hohenschwangau, wo er einen Teil seiner Jungend verbracht, vertraut. Das Schicksal von Ludwig II. und seine Verbindung zu Richard Wagner ist eine eigene, erzählenswerte Geschichte.

In der Auseinandersetzung mit Ludwig II. ist es wichtig, sich nicht von den vielen Gerüchten und Meinungen, die sich um ihn ranken, ablenken zu lassen, um ihn in seiner Persönlichkeit tatsächlich würdigen zu können. Der bayerische König hatte viele Eigenheiten, aber er hat sehr früh in seinem Leben den Friedensimpuls des „Lohengrin" verstanden. Betrachtet man seine Politik nach der Thronbesteigung, so ging es ihm vor allem darum, Krieg zu vermeiden.

Knapp drei Jahre nach der Uraufführung des „Lohengrin" wird im Teatro La Fenice in Venedig „La Traviata" von Giuseppe Verdi, dem anderen großen Komponist dieser Zeit, uraufgeführt. Die Ouvertüre zu „La Traviata" ist nicht mit dem Lohengrin Vorspiel vergleichbar, doch kommt auch diese Musik aus einer anderen Welt. Durch den Verzicht, den Violetta Valéry („La Traviata") als Opfer bringt, ermöglicht sie die Versöhnung von Vater und Sohn und sie selbst findet Frieden mit ihrem Leben.

Eine letzte Frage zum Abschluss: Woher hatte Richard Wagner dieses umfassende geistige Wissen? Das wissen wir nicht. Er hat den Text geschrieben und daraus leitet sich mein Interpretationsansatz ab. Aber er hat auch die Musik komponiert, die ebenso eine inhaltliche Bedeutung vermittelt. Ob diese Gedanken richtig erscheinen, lässt sich in der Musik erleben.

Liebe Leserin, lieber Leser,

Von Herzen wünsche ich Ihnen berührende und beseelte Opernabende und viel Freude im nächsten „Lohengrin".

„Nun sei bedankt..."

Mein Dank „auf Zeit und Ewigkeit" gilt meinen Eltern Helga und Hanskarl. Durch sie ist mein Leben mit Richard Wagner verbunden. Die beiden lernten sich bei den Bayreuther Festspielen kennen und natürlich ging ihre Hochzeitsreise zu den Festspielen nach Bayreuth und Salzburg.

Vom ersten Moment meiner Ankunft auf der Erde bin ich mit den Opern des „Meisters der Meister", wie Anton Bruckner in tiefer Verehrung Richard Wagner nannte, verbunden.

Zu „Lohengrin" fand ich erst relativ spät einen Zugang. „Meine" Oper ist und bleibt „Tristan und Isolde", die ich bereits seit frühester Jugend liebe. Längst kannte ich auch die anderen Opern vom „Holländer" über „Ring" und „Meistersinger" bis zum „Parsifal" mehr oder weniger auswendig, bis der Schwan zu mir kam.

Jetzt ist „Lohengrin" mein erstes Opernbuch. Dies habe ich auch den treuen Teilnehmerinnen und Teilnehmer meiner Opernseminare in Zürich zu verdanken. „Lohengrin" war mein zweites

Opernseminar und ich hätte nie gedacht, dass eine Oper von Richard Wagner in einem Seminar so viel Zustimmung findet. Ich hatte die Freude, dieses Seminar zwei Mal in Zürich machen zu können, so groß war die Begeisterung für „Lohengrin".

Nach seiner Flucht aus Sachsen verbrachte Richard Wagner (außer in Bayreuth) die meiste Zeit seines Lebens in der Schweiz. Drei Menschen waren für das Werk Richard Wagners entscheidend: Franz Liszt, dessen Tochter Cosima und König Ludwig II. Das Land in dem Richard Wagner sein Gesamtwerk geistig entfalten konnte, ist die Schweiz.

Insofern ist es ein schönes Zusammenspiel, dass meine Seminare mit Wagner-Opern ihren Ursprung mit „Lohengrin" in der Schweiz haben.

Mein Dank gilt allen Menschen, die mich immer wieder ermutigt haben, diese Arbeit fortzuführen, bei der Erstellung des Manuskriptes geholfen haben und mit Rat und Tat zur Seite standen.

Auch möchte ich mich bei allen Musikern, Sängern, Dirigenten und manchen Regisseuren, die durch ihre Arbeit eine Opernvorstellung möglich machen, bedanken. Man kann den Text lesen, die Musik hören und die Partitur studieren, aber der tiefste Eindruck ist das Erlebnis in einem Opernhaus.

Jede Aufführung ist anderes, in jeder zeigt sich ein neuer Gedanke und belebt so den Geist für neue Inspiration und Ideen.

Dort, wo Lohengrin erscheint, verändert er die Menschen. Als Entsandter des Grals ist Lohengrin mit einem Christusbewusstsein, das durch die Gralslegende symbolisiert wird, verbunden.

Wenn wir uns von Text, Inhalt und Musik dieser Oper berühren lassen, kann etwas geschehen, was in uns und auf der Welt wirkt.

Über den Autor

Hubert Kölsch ist Seminarleiter, Autor und Coach. Wichtiges Anliegen seiner Arbeit ist es, verschiedene Bereiche des Lebens wie Naturwissenschaften, Kultur und Wirtschaft auf geistiger Ebene miteinander in Verbindung zu bringen.

Seit vielen Jahren ist er im Bereich der Jugend- und Erwachsenenbildung als Dozent tätig und bietet persönliches Coaching an.

Er hält Vorträge, Workshops, ist bekennender Opernliebhaber und veranstaltet Seminare mit Opernbesuch.

Seit 20 Jahren lebt er in München und ist in der Schweiz, Italien, Österreich und Deutschland auf Reisen. Er schreibt Belletristik, Sachbücher, pädagogische Fachbeiträge, Artikel, Essays und Kurzgeschichten.

www.hubert-koelsch.de

Bücher von Hubert Kölsch

Spirituell & erfolgreich. Praxisbuch für die Manifestation Ihres Erfolges. Schirner Verlag, 2011

Gott antwortet immer. Eine Parabel über Vertrauen. Book on Demand, 2012

Das M-Projekt. Ein spirituelles Abenteuer. Roman. Schirner Verlag, 2012

Grales Gnade. Eine Parabel über Vergebung. Book on Demand, 2013

Dio risponde sempre. Una parabola sulla fiducia. Anima Edizioni, 2013

Die Sprache Gottes. Ein spiritueller Weg zu Liebe und innerem Frieden. Book on Demand, 2014

Il Linguaggio di Dio. Un Cammino spirituale verso l'amore e la pace interiore. Anima Edizioni, 2015

Erinnerung. Das Wunder der Weihnacht. KOHA Verlag, 2015

Das Christus Erlebnis. Begegnung mit Rudolf Steiner. Book on Demand, 2016

Der Michaelische Mensch im Zeitalter der Digitalisierung
Book on Demand, 2017

****

Hubert Kölsch, Franz-Josef Wagner: *Erlebnis-pädagogik in der Natur.* Ein Praxisbuch für Einsteiger. Reinhardt Verlag, 2004

Hubert Kölsch, Monika Pietsch: *Seil Settings.* Teamtrainings erlebnisorientiert gestalten. Beltz Verlag, 2012

****

„Christus in Dir"

App für iphone und Android von Hubert Kölsch (2015)

www.hubert-koelsch.de/divine/app-ebooks

****